1C

Fous cocasses
Charades

Illustrations :
Dominique Pelletier

Compilation :
Josianne Goudreau

Éditions
SCHOLASTIC

100 blagues! Et plus...
N° 13
© Éditions Scholastic, 2006
Tous droits réservés
Dépôt légal : 3ᵉ trimestre 2006

ISBN : 0-439-94063-X
Imprimé au Canada

Éditions Scholastic
604, rue King Ouest
Toronto (Ontario)
M5V 1E1
www.scholastic.ca/editions

Savais-tu qu'à la naissance,
les dalmatiens n'ont aucune tache?

3

Mon premier soutient la tête.

Mon deuxième répète le premier.

Mon tout est un mot que les enfants crient lorsqu'ils jouent à cache-cache.

• •

Une dame dit à l'oculiste :

- Docteur, ma vue baisse et mon travail en est affecté.

- Et quel métier exercez-vous? demande l'oculiste.

- Je suis voyante, répond la dame.

Le nez humain peut identifier
plus de 10 000 odeurs différentes.

- J'ai aperçu ta copine l'autre jour, mais elle ne m'a pas vu!

- Je sais, elle me l'a dit.

● ●

Au bal, une dame est invitée à danser avec un inconnu. Soudain, un pet lui échappe. Gênée, elle s'adresse à son cavalier :

- Excusez-moi, ça m'a échappé! J'espère que cela restera entre nous?

- Ben non, j'espère que ça va circuler!

L'eau de l'océan doit
atteindre 28 °C pour
qu'un ouragan se forme.

Dans un bal, un monsieur dit
à une fille :

- Mademoiselle, comme les
danses me semblent courtes
avec vous!

- En vérité, elles le sont, répond
la fille. Le chef d'orchestre est
mon fiancé.

• •

.

Mon premier n'est pas haut.

Mon deuxième est un mélange
de terre et d'eau.

Mon troisième est le premier
quand on compte.

Mon tout est un type de singe.

Deux vis parlent d'un
tournevis :

- Oh, celui-là, quel beau
garçon! Il nous a bien fait
tourner la tête!

• •

- Docteur, je ne suis pas
malade.

- Ça tombe bien, je ne suis
pas médecin!

E.T. dit à sa mère :

- Ils étaient extra tes restes!

· ·

- Moi, quand je bois une tasse de café, je ne peux pas dormir.

- Moi, c'est le contraire.

- Ah bon?

- Oui, quand je dors, je ne peux pas boire une tasse de café.

L'œil humain cligne en moyenne
4 200 000 fois par an.

Certaines espèces de pingouins
peuvent plonger à 27 m sous l'eau
et retenir leur souffle pendant
20 minutes.

12

- Ce soir, nous allons chez monsieur le ministre, alors tu as intérêt à bien te tenir.

- Pourquoi, sa maison est en pente?

● ●

Mon premier est un garçon.

Mon deuxième est le son qu'émet la vache.

Mon tout est un ensemble de notes.

On a utilisé 2 500 000 rivets
pour construire la tour Eiffel.

Savais-tu que les lapins
ne sont pas des rongeurs?

Une mère dit à son garçon :

- N'oublie pas que nous sommes sur terre pour travailler.

- Si c'est comme ça, répond le garçon, plus tard, je serai marin.

L'orignal est le plus gros cervidé du monde.

Deux hommes se rencontrent :

- Je me nomme Merlin, dit le premier.

- Enchanté, répond le second.

....

Mon premier est un animal domestique.

Mon deuxième recouvre le corps humain.

Mon tout se met sur la tête.

Une maman moustique prévient ses petits :

- Ne vous approchez jamais des humains; ils essaieront de vous tuer.

- C'est faux, maman. Hier, il y en a un qui a passé la soirée à m'applaudir!

• •

Un client revient chez le pharmacien :

- Votre dentifrice a un goût infect.

- Et alors? répond le pharmacien. De toute façon, vous le recrachez!

Un agent arrête un automobiliste.

- Vous n'aviez pas vu le feu rouge?

- Oui, c'est vous que je n'avais pas vu!

• •

Joe remarque que le serveur a le pouce sur le steak qu'il a commandé.

- Mais qu'est-ce qui vous prend de mettre vos doigts dans mon assiette?

- Vous préférez peut-être que j'enlève mon pouce et que le steak tombe par terre une fois de plus? réplique le serveur.

Les plus grosses palourdes au monde
pèsent 227 kg et produisent
des perles aussi grosses que
des balles de golf.

Savais-tu que les vaches
n'ont pas de dents à la
mâchoire supérieure avant?

QUELLE DIFFÉRENCE Y A-T-IL ENTRE UNE COUTURIÈRE, UN ESCRIMEUR ET UN BIJOUTIER?

RÉPONSE : AUCUNE, LA COUTURIÈRE PARLE ET COUD, L'ESCRIMEUR PARE LES COUPS ET LE BIJOUTIER PARE LES COUS.

QUE DIT UN PNEU AVANT D'ALLER DORMIR?

RÉPONSE : PFFFF... JE SUIS CREVÉ!

Savais-tu qu'une température
de -40° s'exprime de la même
façon en Fahrenheit et en Celsius?

Mon premier est la première lettre de l'alphabet.

On souffle dans mon deuxième à la chasse.

On lance mon troisième pour avancer dans un jeu.

Mon quatrième est une façon de dire « nous ».

Mon tout est un instrument de musique.

En moyenne, on peut écrire
250 000 mots anglais ou l'équivalent
d'une ligne de 56 km de longueur
avec un crayon à mine normal.

Le Cube Rubik permet de faire
43 252 003 274 489 856 000
combinaisons différentes.

QUE DIT LE RÉPONDEUR AU TÉLÉPHONE
QUI NE LE CROIT PAS?

RÉPONSE : JE TE DONNE MA PAROLE!

- Où est ton crayon? demande
le professeur.

- Je ne sais pas, répond Mathieu.

- Et où est ta grammaire?
reprend le professeur.

- Elle est chez ma tante Anita,
répond Mathieu, mais je ne crois
pas que mon crayon y soit.

PAR QUOI COMMENCE UN BON REPAS?

RÉPONSE : PAR LA FAIM!

POUR QUELLE RAISON LE CANNIBALE
A-T-IL ÉTÉ RENVOYÉ DE L'ÉCOLE?

RÉPONSE : IL A ESSAYÉ DE BEURRER
LE PROFESSEUR!

- Qui peut me dire quand a eu lieu la Grande dépression? demande le professeur.

- La semaine passée, quand j'ai eu mon bulletin, répond Julie.

• •

Un coq et une poule vont à l'hôpital, car la poule va avoir un bébé.

Quelques minutes plus tard, l'infirmière sort de la salle d'opération et dit :

- Félicitations, c'est un ŒUF!

Savais-tu que le quart
de tes os se trouvent
dans tes pieds?

L'animal le plus rapide au monde
est le faucon pèlerin. Il peut atteindre
une vitesse de 290 km/h en plongeant
vers sa proie!

Les mille-pattes n'ont pas mille pattes.

- Que donnerais-tu à un homme qui a tout? demande une jeune fille à une amie.

- Mon numéro de téléphone! réplique son amie.

• •

Mon premier est une partie du corps.

Mon deuxième est un fleuve français.

Mon tout est un passage étroit et long.

Un petit avion survole le Sahara quand le pilote aperçoit un homme en maillot de bain qui déambule joyeusement sur le sable. Le pilote atterrit et lui demande :

- Que faites-vous au milieu du désert?

- Eh bien, je vais me baigner...

- Mais vous êtes fou! La mer est à plus de 100 km.

- Eh, eh! fait l'homme en souriant. Jolie plage, hein?

Dans une animalerie, un homme regarde deux oiseaux : l'un, aux couleurs chatoyantes, siffle merveilleusement tandis que le second, au plumage terne, se tient dans un coin de la cage.

– Combien pour ce bel oiseau chanteur? demande l'homme.

– 150 $ la paire, répond le marchand.

– Mais seul le chanteur m'intéresse. Vous ne pouvez pas me le vendre seul?

– Impossible, monsieur. L'autre, c'est le compositeur.

QUE FAIT-ON AVEC UN SCORPION DE LA TAILLE D'UN CHEVAL?

RÉPONSE : ON LE CHEVAUCHE JUSQU'À L'HÔPITAL APRÈS QU'IL NOUS A PIQUÉ!

QUEL EST LE CRUSTACÉ LE PLUS LÉGER DE LA MER?

RÉPONSE : LA PALOURDE (PAS LOURDE)

QUE DIT LE BALLON LORSQU'IL APERÇOIT
SON AMI GISANT SUR LE SOL?

RÉPONSE : RECULEZ! IL LUI FAUT
DE L'AIR.

QU'EST-CE QU'UNE CHENILLE?

RÉPONSE : UN VER DE TERRE QUI PORTE
UN MANTEAU DE FOURRURE.

QU'OBTIENT-ON LORSQUE L'ON CROISE
UN SCORPION ET UNE ROSE?

RÉPONSE : UNE DRÔLE DE FLEUR QU'IL
VAUT MIEUX NE PAS SENTIR.

- Que faites-vous si vos vêtements sont en feu? demande le pompier.

- J'enfile autre chose! répond son apprenti.

La plus grosse perle jamais
trouvée pèse 6,8 kg.

QUE DIT LA MAMAN SANGSUE
QUAND QUELQU'UN VIENT NAGER
DANS L'ÉTANG?

RÉPONSE : LE REPAS EST SERVI!

Un petit garçon prend son bain quand soudain, il se met à hurler. Sa mère, prise de panique, accourt. Il dit alors en lui montrant ses doigts à la peau plissée :

- Regarde, maman, je me dégonfle!

Salto Angel (saut de l'ange) est le nom
donné aux plus hautes chutes d'eau
au monde. Elles se trouvent au Vénézuela
et atteignent 979 m de haut.

Le fleuve le plus long au monde
est le Nil, en Afrique.
Il fait 6 695 km de long.

COMMENT GARDE-T-ON LES MOUCHES
HORS DE LA CUISINE?

RÉPONSE : ON MET DES CROTTES
DE CHEVAL AU SALON.

Mon premier est un animal qui porte
des bois.

Mon deuxième est un très bel oiseau.

Mon tout est un reptile.

COMMENT APPELLE-T-ON UN ALLIGATOR
QUI FAIT DES ENQUÊTES?

RÉPONSE : UN INVESTI - GATEUR

Une petite fille prie son père
de s'approcher pour qu'elle puisse
lui confier un secret. Lorsque
son père colle sa tête à la sienne,
elle chuchote tout doucement :

- Papa, j'ai attrapé des poux...

Le koala se nourrit
exclusivement d'eucalyptus
et ne boit pas d'eau.

En 1999, 132 432 044 voitures
avaient été enregistrées
aux États-Unis.

Un agent demande à trois témoins d'observer la photographie d'un suspect :

- Que remarquez-vous? demande l'agent.

- Cet homme n'a qu'une oreille, répond le premier.

- C'est normal, répond l'agent, c'est une photo de profil. Et vous? poursuit l'agent en s'adressant au 2e témoin.

- Cet homme n'a qu'une oreille.

- Je sais! répond l'agent exaspéré.

Enfin, l'agent questionne le 3e témoin, qui répond immédiatement :

- Cet homme porte des verres de contact.

- Bravo! s'écrie l'agent impressionné. Comment en êtes-vous venu à cette conclusion?

- C'est simple, répond le témoin, On ne peut pas mettre de lunettes lorsqu'on a une seule oreille.

Durant ses premières
années d'existence, un baleineau
gagne 91 kg par jour.

Jean arrive en retard au travail. Son patron lui signale qu'il aurait dû être là à 8 h 30. Jean lui répond :
  - Pourquoi? Que s'est-il passé à 8 h 30?

• •

On marche sur mon premier.

On dort dans mon deuxième.

Mon troisième est un nombre.

Mon tout est le contraire de liquide.

49

L'adolescence se termine
lorsqu'on n'emporte plus son linge
à laver chez ses parents.

· ·

Une réceptionniste qui met
à jour des dossiers médicaux
demande à un patient :

- Votre date de naissance
a-t-elle changé?

Lorsque l'on découpe
une étoile de mer vivante,
chaque morceau devient
une nouvelle étoile de mer.

L'orque est le mammifère
le plus rapide au monde. Il atteint
une vitesse maximale de 55 km/h.

Un fermier aide sa vache qui a du mal à vêler. Son petit garçon de 4 ans lui demande :

- Mais pourquoi le veau est-il entré là?

....

Une petite fille en admiration devant les vêtements de sa copine demande :

- Où t'habilles-tu?

- Ben, chez moi, répond sa copine.

À l'animalerie, un gamin demande à ses parents d'acheter un petit aquarium pour éviter que son poisson se noie.

....

Quand mon petit frère mouille mon premier, maman n'est pas contente du tout.

Quand mon petit frère fait pipi dans mon second, maman est très contente.

Mon tout a des couleurs et représente un pays.

Les albatros peuvent voler
en dormant.

Une année compte
31 557 600 secondes.

À défaut de médecin, un soldat doit se faire vacciner par un vétérinaire.

- Bravo, dit le soldat. Je n'ai rien senti.

- Ce n'est rien, répond le vétérinaire. On apprend très vite quand on traite des patients qui peuvent mordre.

....

Mon premier est utile au menuisier.

Mon second fait partie de la famille royale.

Mon tout se termine en queue de poisson.

Une libellule peut voler aussi vite
en reculant qu'en avançant.

Un petit garçon regarde à la fenêtre :

- Vite maman, voilà papa qui arrive. Que lui montre-t-on d'abord, mon bulletin, ta nouvelle robe ou l'aile de la voiture?

● ●

Deux fusées se rencontrent dans l'espace :

- Bonjour, dit la première.

Voyant que l'autre ne répond pas, elle poursuit :

- Ah! celle-là. Elle est encore dans la lune!

Dans un bar, deux cambrioleurs fêtent leur sortie de prison :

- Que prends-tu? demande le premier.

- À qui? répond le second.

• •

- Chéri, que ferais-tu si je mourais?

- Je deviendrais fou, mon amour.

- Allons donc, je suis sûre que tu te remarierais...

- Non! Je ne deviendrais pas fou à ce point-là!

Deux amies discutent :

- Tu sais que ton alliance n'est pas au bon doigt, dit la première.

- Oui, je sais, répond la seconde, c'est que je n'ai pas le bon mari...

• •

On trouve mon premier sur les voiliers.

Mon deuxième est un idiot.

Mon troisième est le contraire de tard.

Mon quatrième, ce sont les deux dernières syllabes de téléphone.

Mon tout est un appareil qui sert à reproduire des sons.

Il est impossible de perdre
un verre de contact
derrière l'œil.

La maman écrit :
De ta maman qui t' ♥.

   L'enfant lit :
De ta maman qui t'écœure.

• •

Mon premier est le synonyme
du mot « mari ».

Mon deuxième gonfle les voiles.

On met le couvert sur mon
troisième.

Mon tout est le synonyme
de terrible.

Une maman applique de la crème sur son visage lorsque son petit garçon lui demande :

- Qu'est-ce que tu fais?

- Je mets de la crème pour être belle. Me trouves-tu belle?

- Euh, répond le garçon, tu pourrais en mettre encore un peu?

• •

François demande à son petit frère :

- Quelle lettre de l'alphabet vient avant le Z?

Son frère répond :

- Toutes!

Une fille raconte à son petit ami qu'elle a rêvé qu'il lui offrait un beau collier pour son anniversaire. Elle lui demande s'il sait ce que cela peut vouloir dire. Il lui répond qu'elle le saura après l'école.

Le moment venu, il lui donne un petit paquet. La fille le déballe pour découvrir... un livre sur l'interprétation des rêves!

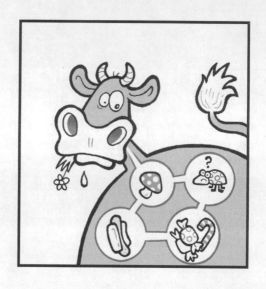

Les vaches ont 4 estomacs.

Un adolescent se fait interroger par un juge :

- Tu as volé une chemise. En faisant ce geste, as-tu pensé à ton avenir?

- Oh! non, monsieur le juge. Sinon, j'aurais pris une taille plus grande.

• •

Un enfant se dispute avec l'ami de sa mère, car il est jaloux. Ce dernier tente de négocier avec lui.

- Tu sais, je l'aime, ta maman. On ne pourrait pas la partager?

- D'accord, répond l'enfant. Mais moi, je prends la tête... pour avoir les bisous!

Une petite fille observe une dame qui attend au coin de la rue. Au bout d'un certain temps, la petite aborde la dame et lui dit :

- Tu sais, madame, tu peux traverser quand il n'y a pas de voitures...

●●●●●●●●●●●●●●●●●●●●●●●●●●●●●●●●●●●●●●●

Mon premier est un petit cube.

Mon deuxième est le contraire de laid.

Mon troisième est un petit rongeur.

Mon tout est un prénom.

En Arizona, une loi interdit
de lécher les crapauds.

Une petite fille rentre de l'école et sa maman l'interroge :

– Qu'as-tu fait aujourd'hui, ma chérie?

– J'ai li, maman.

– On ne dit pas « li », mais « lu », ma chouette. Et ensuite, qu'as-tu fait?

– Ben, j'ai écru, répond la petite fille.

● ●

– Maman! Je vais te confier un secret. Jure-moi de ne le dire à personne; j'ai promis de ne pas le répéter.

Les grenouilles
ne boivent pas d'eau.

Une petite fille magasine avec sa maman. À chaque fois que sa maman essaie quelque chose, la fillette lui dit qu'elle est belle. Une dame, qui se trouve dans la cabine d'à côté, demande finalement à la mère :

- Pourrais-je emprunter votre fille un instant?

• •

Mon point de vue sur ma mère a beaucoup changé. Elle était beaucoup plus grande quand j'étais petit!

Lu sur une affiche : « Dimanche, vente de garage pour levée de fonds. Mettez à notre disposition tous les objets qui sont devenus inutiles, mais qui peuvent faire le bonheur d'autrui. Amenez votre conjoint. »

●●●●●●●●●●●●●●●●●●●●●●●●●●●●●●●●●●

Quand on fait bouillir du lait, il déborde parce que la casserole devient plus petite sous l'effet de la chaleur.

Un type fanatique de soccer reçoit un message de son ami récemment décédé :

– J'ai une bonne et une mauvaise nouvelle, annonce l'ami.

– Commence par la bonne, répond le type.

– Eh bien, ici, il y a des équipes formidables et on joue au soccer à tous les jours.

– Super! répond le type. Et quelle est la mauvaise nouvelle?

– Tu joues lundi!

En moyenne, 100 éclairs
atteignent la Terre à toutes
les secondes.

Un piéton remarque deux ambulanciers qui tentent d'expliquer à un enfant comment déverrouiller la porte de l'ambulance de l'intérieur. Le piéton demande :

- Il s'est enfermé dans l'ambulance?

- Non, répond l'un des ambulanciers. Nous nous sommes enfermés à l'extérieur, et c'est le seul qui pouvait passer par la fenêtre...

Un dimanche de fête des Mères, Justin dit à la sienne :
- Bonne fête des nerfs!

• •

Une femme lit un livre et le pose en le retournant pour ne pas perdre sa page. Sa fille le lui tend en le refermant.

- Tu as perdu ma page, dit la mère.

- Mais non, répond sa fille. La page est toujours dans ton livre!

Une mère veut un câlin de son garçon de 7 ans qui lui dit :

- Tu sais très bien, maman, que je ne suis pas affectueux. Moi, je suis défectueux.

• •

Sur une affiche à côté d'un pont en construction, on peut lire :

« L'entrepreneur responsable de ce projet devra malheureusement terminer son travail à la noirceur, puisque les scientifiques prévoient que le soleil explosera d'ici un milliard d'années. »

Adam et Ève se promènent dans le jardin d'Éden.

- M'aimes-tu? demande Ève.

- Ai-je vraiment le choix? répond Adam.

• •

Description d'un cours universitaire : « Agonie et mort 205 : cours magistral où la participation des étudiants est requise. »

- Je suis malade et fatiguée et il me faut encore nettoyer le plancher, passer l'aspirateur et faire la lessive, se plaint une femme.

- Ne t'en fais pas, répond son mari, tu feras tout ça demain!

• •

Lorsque Beethoven est mort, un homme a dit à son ami qu'il entendait la neuvième symphonie à l'envers. Son ami lui a répondu alors :

- C'est normal, c'est Beethoven qui décompose!

Un homme dit, en parlant de son meilleur ami : « Il n'y a rien que je ne ferais pas pour lui et il n'y a rien qu'il ne ferait pas pour moi. Nous passons donc notre temps à ne rien faire l'un pour l'autre. »

• •

Un fou ouvre la porte de l'avion. Il s'apprête à sauter, puis se ravise, appelle l'hôtesse et dit :

- Il pleut; vous n'auriez pas un parachute?

Humour...

« Le lieu de travail peut être
à l'intérieur ou à l'extérieur et,
dans ce cas, les conditions
climatiques peuvent varier. »

....

« Nous sommes conscients
du problème de communication,
mais il n'est pas question d'en
discuter avec les employés. »

au boulot

« Dressez-moi la liste exhaustive des problèmes inconnus qui vont nous affecter. »

. . . .

« À partir de demain, les employés auront accès à l'édifice uniquement en utilisant leur carte de sécurité personnelle. Les cartes seront disponibles dans deux semaines. »

Avec un stylo normal, on peut tracer
une ligne de 3,2 km.

L'employé d'un magasin doit communiquer avec les clients lorsque leur commande est arrivée. Il en appelle un. Un enfant répond et dit que ses parents ne sont pas là.

- Puis-je laisser un message? demande l'employé.

- Ben non! dit l'enfant. On n'a pas de répondeur!

• •

Un homme assistant à un enterrement a éclaté de rire en lisant « sens unique » sur un panneau à l'entrée du cimetière.

Einstein s'adressant à Charlie Chaplin :

- Ce que j'apprécie le plus dans vos films, c'est leur caractère international. Le monde entier les comprend et les admire.

Chaplin s'adressant à Einstein :

- Votre gloire est bien plus extraordinaire. Le monde entier vous admire et, pourtant, personne ne vous comprend!

- Ma mère ne peut pas vous parler, elle est en voie d'extinction, dit une fillette au sujet de sa mère qui souffre d'une extinction de voix.

· ·

Un homme pauvre supplie Dieu de le faire gagner à la loterie. Chaque semaine, ses prières s'intensifient. Enfin, un jour, Dieu apparaît et lui dit, exaspéré :

- Tu pourrais au moins acheter un billet!

Suite à l'examen du dossier médical d'un nouveau patient, un médecin lève les yeux et déclare :

- Vous avez l'air beaucoup mieux en personne.

• •

Très agité, un homme entre dans un poste de police.

- Aidez-moi! dit-il. J'ai reçu des lettres de menaces!

- Avez-vous une idée de l'identité de leur auteur? demande l'agent.

- Oui. Elles viennent du Ministère du revenu!

Le petit intestin d'un humain
a une longueur de 6 m,
et le gros intestin, de 1,5 m.

En voyant son petit frère boire son lait avec une cuillère, Joseph lui demande en riant s'il est meilleur de cette façon. Le petit lui répond d'un air sérieux :

- Oui, parce que si tu utilises une fourchette, le lait passe par les fentes.

• •

Un chef, c'est quelqu'un qui a une mentalité d'employé, mais qui ne veut pas le rester.

Le basenji, un chien africain,
est le seul chien au monde
qui ne jappe pas.

Une jeune fille, qui avait utilisé une photographie de sa mère dans un projet scolaire sur les antiquités, ne comprenait pas pourquoi cette dernière était furieuse.

• •

Une mère explique le système solaire à sa petite fille et lui dit que la Terre tourne autour du Soleil. Sa fille lui demande donc :

- Et quand il pleut, elle tourne autour de quoi?

Le lac Baïkal, dans la partie centrale du Sud de la Sibérie, a une profondeur de 1,7 km et contient 20 % de l'eau douce de la Terre.

La plus grande pyramide au monde est à Cholula, Puebla, au Mexique. Elle mesure 54 m de haut et recouvre 101 171 m².

Affiché dans un bureau de
recrutement de l'armée :
« Mesdemoiselles, épousez un
ex-militaire. Il sait cuisiner,
coudre, faire les lits et a
l'habitude de recevoir des
ordres. »

• •

Une femme, qui s'est coupée avec
une assiette, explique à son médecin :
- J'ai été attaquée par une soucoupe
volante!

À un mariage, le maître de cérémonie demande à un couple âgé s'il pourrait donner un conseil aux jeunes mariés. La femme répond :

- Les mots les plus importants à retenir sont « Tu as probablement raison. »

La salle se tourne vers le mari pour connaître son opinion. Il dit donc :

- Elle a probablement raison.

Savais-tu que le brocoli
contient deux fois plus de vitamine C
qu'une orange?

Einstein n'a jamais appris
à conduire.

Un banquier ne vous prête
de l'argent que si vous lui prouvez
que vous n'en avez pas besoin.

. . . .

Mon premier pose une condition.

Mon deuxième n'est pas à toi.

Mon tout est un chat de race.

Un aveugle va au restaurant avec son chien. Il commande une bière et à boire pour l'animal. Le serveur demande :

- Une bière pour le chien aussi?

- Sûrement pas! répond l'aveugle. C'est lui qui conduit!

●●●●●●●●●●●●●●●●●●●●●●●●●●●●●●●●

Une mère attend son fils qui revient d'un camp d'été. En le voyant avec un gros coup de soleil, elle lui demande s'il a mis de la crème solaire tous les jours. Il lui répond :

- Bien sûr, maman, je l'ai mise tous les jours avant de me coucher.

Il est impossible de plier
une feuille de papier en deux
plus de sept fois.

Un petit garçon monte sur une chaise, puis il aperçoit, pour la première fois, le dessus de la tête chauve de son père. Il lui dit alors :

- Papa, il y a encore de la place pour d'autres cheveux sur ta tête.

● ●

Mathieu revient à la maison après sa première journée à la maternelle. Il porte une étiquette avec le nom Michel. Sa mère lui demande pourquoi et il lui répond :

- Le professeur m'a dit : « Quel nom aimerais-tu qu'on te donne? »

- Donnez-moi un exemple d'injustice, demande le professeur.

- Quand mon père se trompe en faisant mes devoirs et que le professeur me punit, répond l'élève.

• •

Marie voit un bateau couler dans un lac, à la télévision, et s'écrie :

- Maman! Maman! Viens voir! Le bateau est en train de fondre!

Les dents avant du castor sont
protégées par une couche orange
qui les empêche de se briser
ou de s'écailler.

En Islande, c'est une insulte
de laisser un pourboire
dans un restaurant.

Chaque jour, une femme vient au chevet de son mari, qui est dans le coma depuis plusieurs mois. Un jour, celui-ci se réveille et lui dit :

- Quand j'ai été congédié, tu étais à mes côtés. Quand l'entreprise que j'avais créée a fait faillite, tu étais à mes côtés. Quand la maison a brulé, tu étais à mes côtés… Tu sais, je me demande si tu ne me portes pas malheur.

Presque 90 % de la saveur
de la nourriture provient
de son odeur.

Solutions des charades